CW00504815

Il Solco

IL SOLCO
Idea e Progetto di Pierluigi Rizzo

In copertina opera di Patrizia Crupi
Retro copertina opera di Nilo Domanico

Impaginazione: Antonello Triglia

EDIZIONE NR 4 - GENNAIO 2024
ISBN: 9798876483348

Pubblicazione Indipendente
di L'ArteCheMiPiace Blog Arte e Cultura

www.lartechemipiace.com

Patrizia Arcidiacone

Le emozioni sono la naturale reazione a ciò che intorno ci accade.

Ogni giorno viviamo di emozioni e spesso, se non sempre, le nostre azioni sono il frutto di esse.

Con voi condivido alcuni miei pensieri che sono il risultato di mie emozioni.

"La poesia è quando un'emozione ha trovato il suo pensiero

e il pensiero ha trovato le parole."

(ROBERT LEE FROST - POETA)

BAMBINI DI GUERRA

Occhi spaventati

cercano conforto.

Manine di sangue

implorano aiuto.

Pianti disperati

accusano le nostre coscienze.

Grida silenziose

esigono umanità.

FOTOGRAFIA

Una madre tiene in braccio il suo bambino.

Gli occhi di lei fissi in quelli di lui.

Scrutano il futuro.

RICORDI

Che bizzarre astrazioni i ricordi.

Sanno rimanere, timidamente, nascosti

in un angolino

e poi riaffiorare, impertinenti,

al profumo di un odore

al suono di una canzone.

E allora ti travolgono:

non hai difese.

Ti avvolgono nella loro fitta nebbia.

Ma poi svaniscono in fretta.

E ti lasciano il sapore dolceamaro della nostalgia.

RISVEGLI

Foto realizzata da Margherita Belgrado, 13 anni, mia figlia.

SARA

E quando viene sera,

Sara si ritrova da sola, da sola con i suoi pensieri.

Quei pensieri che sono sempre uguali a quelli di ieri.

Il primo è per il suo grande amore,

che insieme alle farfalle

le ha lasciato tanto rancore.

E poi? Poi ci sono i treni non presi,

le occasioni perse,

le sconfitte subite nonostante le corse.

Sara è lì, con le sue ferite da curare,

tra le vecchie foto che la fanno ricordare:

posti esotici, amici andati,

momenti lontani e mai più ritornati.

Sara si sente sola anche tra la gente,

perché è convinta di non poter dare più niente.

Ma Sara non lo sa!

Sara non lo sa che ora è una poesia.

Graziella Barbieri

'Nasce a Rossano il 7 Marzo 1994. Si laurea all'università di Bari in Scienze e tecnologie alimentari e vive per un periodo in Spagna accompagnata sempre dal suo spirito curioso e avventuroso. Si appassiona già da bambina al mondo della poesia, dell'arte e della narrativa accrescendo la sua creatività e sensibilità. Inizia a scrivere le sue prime poesie all'età di 14 anni, ispirata dalle continue avventure e disavventure della vita. Il suo sogno inizia ad avverarsi quando partecipa ad alcuni concorsi Aletti editore e si classifica finalista. Ora il suo desiderio di vedere pubblicate le sue poesie è diventato realtà.'

OCCHI

Se solo ci guardassimo negli occhi

capiremmo che

in quei profondi specchi d'acqua

si nascondono Amore, Fragilità e Coraggio.

Abili ammaliatori, colpiscono, stregano

e come un flauto incantatore

ipnotizzano e schiavizzano.

Gli occhi sono congegni potenti

capaci di narrare ciò che

le parole non sono in grado di esprimere.

Scomparirebbero malintesi, malumori

ed esisterebbe solo un linguaggio,

quello interiore;

Gli occhi sono verità.

AMATI

Amati

quando avrai ferite aperte

che come fiumi, sanguineranno senza argini.

Amati

quando il cuore sarà in pezzi

e il tuo mondo illeso

sarà solo un mesto ricordo.

Amati

mentre piangi e poi accuratamente

asciuga le lacrime;

ama le tue cicatrici

rendile visibili e sii fiero di averle.

Amati

quando sarai accecato dalla sofferenza

e non saprai come fuggire.

Ama la solitudine quando non sarai apprezzato,

quando il rifiuto si attaccherà al collo

e ti mostrerà quello che non sei.

Amati, tanto…

Hai solo te.

VENTO

Il vento si nutre di parole

e le sussurra indiscreto alle nuvole

che ignare, le mutano in un rebus.

Il vento ti accarezza all'improvviso

e come un fulmine

viene a farti visita.

Il vento tramuta i pensieri

in appassionati e intimi baci

che si spingono aldilà del mare

per insinuarsi nel cuore di chi amiamo.

Caro amico vento,

sei il miglior messaggero.

MONTAGNA

La quiete regna sovrana nel panorama

come un leone nella savana

e il sussurro dell'aura

ricorda una soave cantilena.

Si scorge in lontananza

un'amaca cullata dal vento

e nel silenzio

si ode il fruscio delle foglie

e il gorgoglio della sorgente.

Gli alberi maestosi

creano una magica penombra

che allieta la mente

e dona una dolce frescura.

Respira, è aria pura:

Rigenera da tutti i mali.

Margherita Biondi Belgrado

Nostalgia

È arrivato anche il 2020
con tante novità e con nuovi eventi.
Però scusate il mio sfogo
ma io in questo mondo più non mi ci trovo.
Rimpiango in parte il secolo ormai passato
e le tante cose che non ho dimenticato.
Un esempio: il saluto, grazie, prego,
per favore, scusa…
Tutto questo, che era educazione,
più non si usa.
Ho visto un amico tra tanta gente
e gli sono andata incontro sorridente
ma quando gli sono stata vicino…
lui era là … in simbiosi con il telefonino.
Nei migliori anni della mia giovinezza
ho detto anche io con timidezza
'Ti amo, amore Ti amo!'
L'ho detto forte… l'ho detto piano
ma sempre con la voce mia
non mi sono mai servita della tecnologia…
Dico a voi tutti 'Vi voglio bene!'
sempre con il linguaggio che mi appartiene.
Ora l'uomo non è più il macho
dal mento volitivo
e dal grattato e sensuale accento,
ora porta gli orecchini d'oro e d'argento
e il 'Gentil sesso" ha preso il sopravvento!
Io che appartengo al secolo scorso
non voglio apparire la manager familiare,
voglio continuar ad essere
la modesta casalinga tuttofare.
Ma… una poesia, un fiore,
una canzone d'amore…
una camicetta un po' stretta
su una bella gonna
mi fan ancora sentire
maledettamente donna.
Scusate lo sfogo e qualche confronto
ma mi sia dato…
di rimpiangere con nostalgia il mio passato!

Desiderio di tenerezza

Una notte d'agosto sotto un cielo stellato

con gli occhi tristi rivedevo il mio passato

e sospesa in quel blu dipinto di blu guardavo ammirata la luce lassù.

Mi soffermo per un istante e ammiro la Luna Calante

ma ciò che più sorprendente

scorgo ad un tratto la "Stella Cadente"

al suo seguito la coda strisciante lucente.

Mi sono detta: "Che spettacolo! Sembra un miracolo"

Esprimi un desiderio dice il proverbio

in modo alquanto serio perché è così che sia.

Io sono una romantica sentimentale e non ho molta fantasia

non voglio gioielli, non voglio ricchezza, voglio molto di più

voglio una carezza.

La tua mano che dolce e lenta parte dalla fronte

e scende fino alle labbra

dopo avermi sfiorato teneramente il viso

al solo pensarci, mi vesto di brividi

e mi ritorna negli occhi il sorriso!

Atmosfera di Primavera

Sembra impossibile, forse non ci credi…

ma com'è sereno in questo periodo

tornare a casa a piedi!

Prima la canzoncina, poi l'accenno a qualche rima e…

"Guarda la nuvoletta che ha disegnato il cielo…

Tante margheritine, bianche e gialle, dal fragile stelo

è proprio lì al bordo del fosso, lo vedi?

C'è un prepotente papavero rosso!"

Mentre osserviam le farfalle e queste cose belle

ci fan compagnia le garrule rondinelle.

Per mano ho Pietro,

non so descrivere emozioni in parole

è nato in una notte piena di sole.

Dall'altro lato ho Margherita

che insinua le sue fra le mie dita.

Loro i due piccoli nipoti

assieme a Martina la mia Nutella… la mia Tatina

C'è anche Claudietto che si è impossessato di tutto il mio affetto

e Lorenzo che per me è unico in ogni senso

fanno parte della mia vita.

Siamo arrivati a casa ed è l'ora del tramonto

non c'è più il sole ma non è ancora sera.

Un gioco di colori… una dolcissima atmosfera…

anch'io come loro mi chiamo Primavera

Aspettando Martina

Incollata in una vetrina

sto scegliendo una tutina

bianca, rossa oppure giallina?

Che sia la più bella è per la mia nipotina.

Che sia vezzosa e dal disegno gentile

perché lei arriva col tepor dell'aprile

e in questa attesa, che fantasia,

io già ti vedo piccina mia.

Ti vedo e ti sento, sensazione di donna

a volte mi pare che mi tiri la gonna.

Ma ti amo già tanto?

Sì! Ti amo da nonna.

E non sei Giorgia e non sei Martina

né Margherita (pure se questo ricorda un fiore)

Il tuo nome è molto più bello

Io ti chiamo "Amore!"

Angela Campana

Poesia

Tu sei la Passione
e io mi sento in Paradiso
dove c'è Pace, Purezza, Pudore.
Poi all'improvviso spunta il Peccato
dentro il mio Pensiero
e il Pianto mi bagna il viso: Pazienza!
La Poesia mi dà conforto e
la Puglia intera vorrei visitare,
ma è un Piacere che non posso
permettermi e la mia Preghiera
a Dio chiede un premio soltanto:
un amore Proibito
che porta il tuo nome.

Vita

Vita,

soffio di brezza leggera.

Vita,

il mare s'increspa e

diventa furioso.

Vita,

il soffio diventa uragano

... e ti spegni.

Vita senza fine

Che cos'è un bambino?
E' un cuore che pensa
E' una mente che parla
E' una bocca che ride
E' un corpo senza rughe
E' un'anima a colori:
è la vita senza fine!

Germogli di vita,
tiepidi profumi:
sei tu Primavera.

Cecità breve,
sogni infinitamente colorati:
la notte.

Pensieri tremanti,
parole mute sono
gli amori impossibili.

Lenta decadenza,
foglie gialle qua e là:
ecco l'Autunno.

Ultimo tango d'estate

Settembre,

ultimo tango d'estate

ballato sopra un cielo

ancora sudato.

Il mare mi tenta

ma io non mi bagno,

la mia pelle ha brividi autunnali

e ti cerca

per trovare calore,

tu arrivi e,

senza parlare,

mi avvolgi.

Milena Crupi

Nata a Rossano (Cosenza) nel 1960, ha iniziato il suo percorso artistico sin dal liceo. Dopo un breve periodo vissuto in Puglia, si è spostata in Sicilia e Calabria dove ha ottenuto molti riconoscimenti. L'artista, che vanta partecipazioni in importanti rassegne d'arte contemporanea e le cui opere sono presenti in collezioni private, da anni conduce una ricerca personalissima. Il suo percorso artistico l'ha fatta conoscere al pubblico italiano, che l'ha apprezzata per i suoi soggetti che sono sempre in grado "di provocare un tumulto di sensazioni". Risale all'ultimo quinquennio la svolta artistica che la vede impegnata nel passaggio dall'amore per la pittura postimpressionista e per l'espressionismo americano alla realizzazione d'originali installazioni, scaturite da un'idea di espressione creativa innovativa. Alcune delle opere della pittrice sono esposte in permanenza presso il Museo di Racalmuto (AG) e le sue mostre hanno ottenuto il patrocinio di molti Enti pubblici tra cui la Regione Calabria,la Regione Sicilia, il Ministero dei Beni Culturali, il Ministero della Giustizia e il Consiglio d'Europa.

Milena
Crupi
La figlia
del Re

Romanzo

IN BILICO

Sento delle voci o dei suoni....
Tutto è confuso.
Adesso, vedo nitido un appiglio.
Qualcosa da afferrare,
è un attimo.
Mi allungo.
Spingo con il piede facendo leva non so su cosa.
Mi tendo.
Salto, lo tocco, ma la mano scivola, non raggiunge, non arriva.
Graffio l'aria; solo aria.
Lo perdo.
Troverò qualcos'altro! Penso, in questa o in un'altra dimensione,
mentre continuo la mia corsa o il mio cadere.
Non so esattamente....
Vado avanti in linea retta, almeno credo,
la velocità non mi fa comprendere, altera le mie percezioni.
Se riuscissi a ricordare....
Avrà un'origine il punto luminoso che vedo in fondo... che inseguo ...
o mi attira a sé?
Qualcosa ci sarà che lo genera,
da questa o da un'altra dimensione.
Un vento mi avvolge vorticoso.
Giro su me stessa e giro attorno a qualcosa.
Poi all'improvviso mi fermo.
Tendo le braccia come per volare.
La mia pelle respira.
Qualcosa mi circonda, come una nebbia sottile.
Sono arrivata!
Mi lascio andare e scopro di essere in cima ad una torre.
Non ho paura e non cado.
Scendo lentamente.
Poi cammino in linea retta, tesa come un arco.
Mi sento una freccia ...o una piuma...,
all'improvviso qualcosa o qualcuno mi afferra le caviglie.
Mi strattona, non mi trascina, semplicemente mi blocca!
Ed io rimango sospesa tra i due livelli... e aspetto...

ASSONANZE

Cammino nella luce,
come una nebbia sottile mi avvolge.
Metto la mano sugli occhi per schermarla.
Intravedo qualcosa, davanti a me un prato e degli alberi,
sono colorati e frondosi.
La nebbia luminosa si dissolve e permane la luce,
ma non riduce l'intensità mi permette, però, di vedere.
Abbasso la mano e cammino.
Tutto è verde e colorato intorno a me.
Respiro aria colorata di rosa,
mi guardo attorno…, sono al centro di una grande radura a cerchio,
delimitata da alberi altissimi.
Chiudo gli occhi, li riapro…, il primo cerchio concentrico sparisce
dando posto al cielo.
Avverto dei battiti.
Come il ritmo di un cuore che pulsa.
Il suono è basso e avvolgente.
Ad ogni battito un cerchio sparisce.
Ad ogni cerchio che sparisce subentra il cielo.
L'effetto mi rapisce, sento l'orizzonte crescere e so che è il mio.
Mi fermo e osservo… ancora un battito.
Ancora un altro cerchio sparisce,
ho un'infinità d'azzurro davanti a me e attorno a me!
Mi ritrovo su una cima con niente attorno.
allargo le braccia come per volare, mi sento bene!
Ma, all'improvviso, mi blocco e osservo…,
il nulla d' azzurro mi circonda e io sono sulla cima di una rupe.
La paura mi assale.
Temo un altro battito che annulli il mio unico punto d'appoggio.
Un grido in me.
Rimbomba.
Chiedo all'infinito. "Che faccio? Aiutami!"
"Ora sei libera e puoi volare!"
Mi risponde un Eco.
Il terrore mi assale "E se non riuscissi a volare? …Cadrei!"
Abbasso le braccia e…
fisso con più forza i miei piedi sulla cima.

ESTENSIONI

Avevo voglia di vedere il mare!
Tuffare gli occhi in quel fluido azzurro, ipnotico.
Affondare i miei piedi nella sabbia calda ed anche le mani, le dita e respirare,
… respirare.
Inspirare ed espirare lentamente e profondamente,
ingordamente la sua salsedine, il suo iodio, all'infinito…
e far scorrere i pensieri, come piccole vele
vararle ad una ad una e vederle allontanarsi
sempre più piccole fino a disperdersi… fino a sparire.
Saluto i miei fratelli.
Dico loro che tornerò a piedi, non ha importanza quanto ci vorrà.
Sento la vita.
Sento che c'è tempo
… e sento che voglio centellinarmelo, questo tempo,
passo dopo passo.
Sentire il mio corpo che cammina.
Seguire le mie gambe veloci,
i miei passi sicuri e leggeri,
come in una danza,
unica meta la vita,
in sé stessa e nell'immersione profonda nelle cose.
Voglio sentire il vento sul viso,
i miei capelli scomporsi.
Abbracciare tutto ciò che mi circonda.
Incontrare persone,
regalare un sorriso di saluto,
condividere con lo sguardo piccole gioie o pesi quotidiani.
Sentirmi parte di un tutto che mi appartiene.
E voglio entrare in una panetteria e
prendere del pane come una cliente qualsiasi
e ritornare a camminare verso il mare.
Sentire il rumore del sacchetto mentre l'apro
e addentare con fame di futuro, un panino,
mentre il suo odore buono, di appena sfornato,
mi libera l'anima da tutti i nodi rimasti
e mi ridona ancora una volta
il sorriso di papà che era il sorriso del nonno,
da portarmi nel cuore.

Patrizia Crupi

Patrizia Crupi - Fashion Art Designer

Patrizia Crupi

Haute-couture

Tessuti Bossio

Patrizia Crupi

Haute Couture

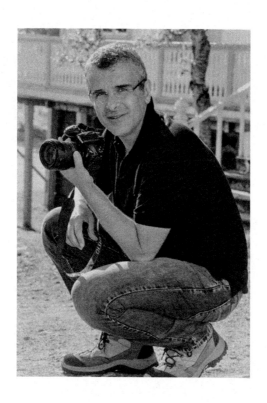

Nilo Domanico

Ingegnere italiano, nato a Rossano, in Calabria, nel 1967. Il suo percorso di studi e lavorativo, lo porta a viaggiare per il mondo, dalla Gran Bretagna, dove completa il Master Sciences a Durham, fino al Medio Oriente e Mondo Arabo (Egitto, Yemen, Emirati Arabi ed Oman), dove la sua carriera sta raggiungendo ragguardevoli traguardi con prestigiosi progetti gia' realizzati, l'ultimo dei quali l'Oman Botanic Garden, il più esteso giardino botanico del mondo. Durante i suoi viaggi sviluppa le sue innate passioni nella fotografia e nella scrittura che trovano sbocco in due mostre fotografiche realizzate in Italia (2014) e nel Sultanato dell'Oman (2017) e nel libro fotografico "Sulle Tracce delle Pietre del Destino"

Aldo Fusaro

Aldo Fusaro è stato professore di Lingua e Civiltà francese. Ha insegnato per
un trentennio nelle scuole secondarie superiori di Corigliano e Rossano. E'
stato dirigente scolastico per dodici anni. Ha pubblicato molti racconti e tre
silloge: il Cuore oltre l'ostacolo, il Cammino e Frammenti del terzo
millennio(coautore). Scrive sul solco anche poesie in vernacolo, ha avuto
riconoscimenti nazionali e cittadini. E' cultore di letteratura, poesia e narrativa
europea.

Il Pallone di Cuoio

La famiglia Passeri era meno numerosa delle altre famiglie del villaggio San Nicola, ma era sicuramente una delle più povere, nonostante la boria del capofamiglia che fingeva d'essere benestante, per pudore o orgoglio, ma, in realtà, era molto più povero degli altri. Il comportamento del capofamiglia, in parte, era giustificato: egli proveniva da una famiglia di commercianti benestanti che continuavano a restare tali, ma di dare una mano a Salvo Passeri si rifiutava per la strana faccenda di non aver contribuito ad incrementare il patrimonio familiare, essendosi fatta tutta la seconda guerra mondiale, come se avesse scelto di andare volontario a rischiare la pelle mille volte, mentre i due fratelli più grandi se ne stavano comodi a fare i loro affari. Essi avevano messo in testa al vecchio padre, la stupida idea che la perdita della guerra fosse dovuta alla codardia di quei poveracci mandati al fronte: male equipaggiati, a stomaco vuoto, senza nessun patria da difendere e poco motivati ad ammazzare ragazzi giovani come loro. Era stato facile per i fratelli mettergli contro il padre per la poco sintonia tra padre e figlio, infatti tra i due non correva buon sangue per via di visioni ideologiche differenti: Salvo era socialista come il nonno materno, mentre suo padre adorava Mussolini, questo li portava sempre a scontrarsi continuamente prima e durante la guerra che il vecchio aveva accettato totalmente, pensando che la nostra patria sarebbe diventata più grande e più potente, mentre il giovane aveva vissuto la chiamata alle armi come un dramma, soprattutto per essere stato il solo su quattro fratelli ad essere chiamato a combattere per un governo che aveva sempre avversato. Salvo non si era mai sottomesso all'autorità paterna e tanto meno alla politica autoritaria dei fascisti: spesso criticava il padre anche per il suo modo di fare brusco e da padre padrone, non sopportava a pelle il duce per la sua arroganza, per le purghe, per gli attentati a chi gli era contro e per quella schiera di stupidi che lo veneravano come un dio e pretendevano a suon di botte che la gente facesse la stessa cosa, perfino quando il duce sproloquiava alla radio. Nessuno nella sua famiglia, tranne la madre e le due sorelle, gli voleva bene, esse pregavano loro padre di aiutarlo come faceva con gli altri, ma il patriarca non prendeva nemmeno in considerazione il parere delle donne. Qualcosa in Salvo non andava, soprattutto dopo la drammatica esperienza della guerra, era intelligente, ma la sua personalità si era trasformata, era diventata una persona debole e irascibile, come era avvenuto per tanti altri sopravvissuti della seconda guerra mondiale. Era un malato cronico, non tanto fisicamente, ma soprattutto psicologicamente; aveva fatto richiesta di pensione allo stato, ma i medici gli avevano riso in faccia, non riusciva a trovare un lavoro per soddisfare i bisogni della sua famiglia e, col tempo, aveva rinunciato a cercarlo, gli era stata assegnata una quota integrativa dell'OVS, dopo le lotte per l'occupazione delle terre incolte e mal coltivate e usurpate, nel passato, dai baroni e dai signorotti che avevano rubato al popolo, sia i terreni demaniali che quelli ad uso civico. Ora, con il cambiamento popolare del regno in repubblica, i reduci e le vedove, su proposta del ministro all'agricoltura Fausto Gullo e del governo di unità nazionale, riuscivano ad avere assegnate le tante desiderate terre, ma la gioia iniziale di esseri piccoli proprietari, si trasformò, in pochissimo tempo, in delusione, il carico di sacrifici era difficile da sopportare: quello che coltivavano non aveva mercato. I pomodori e le verdure diventavano solo alimenti per la famiglia, per le vacche, i maiali e le galline. Era miseria nera di cui soffrivano tutti e se, nel caso di Salvo, non ci fosse stata la famiglia della moglie che, di tanto in tanto, gli dava una mano, sarebbe stata fame vera. Salvo guadagnava poco, non aveva soldi, a volte, nemmeno i soldi per dare da mangiare ai propri figli, figurarsi se pensava a comprare giocattoli o qualche straccio di vestito nuovo. I giocattoli dovevano ingegnarsi di costruirseli da soli con ferro filato, legnetti e altri materiali che riciclavano, costruendosi macchinine, moto e biciclette, carri e carretti con cuscinetti vecchi delle auto regalati dal meccanico del villaggio Leone. I famosi carri erano particolari, li salivano a piedi sotto il braccio in cima, piazzandoli su tratti di strade scoscesi e poi giù di gran corsa, cercando di non sfracellarsi contro i muri, era una prova di coraggio che solo i più spericolati affrontavano più volte in un giorno; quelli che non si sfracellavano diventavano leader di riferimento e carismatici per tutti gli altri, erano ammirati e invidiati, quelli che incorrevano in qualche incidente, ferendosi, provavano in segreto lontano dagli occhi degli adulti, essi provavano e riprovavano per diventare bravi. Le ragazzine raccoglievano avanzi di stoffa dalle sarte amiche per farne bambole di pezza, abitini, cappellini, scarpe e sciarpette per poter cambiare, di tanto in tanto, le loro bamboline. I ragazzi si fabbricavano palloni con strisce di camera d'aria, carta e pezze o frecce con strisce di gomma allacciate a piccole forcelle per tormentare i gatti e per cacciare i passeri. Arrangiarsi era uno stimolo alla fantasia e un riciclo perfetto di materiali da gettare via. In estate, al mare come salvagente i ragazzi usavano vecchie camere d'aria di camion puntellate di pezze adesive sulle tante bucature; la fantasia esaudiva ogni desideri. Era un mondo in cui ci si arrangiava e sembrava tutto bello e normale, era un modo per appagare la nostra curiosità del nuovo e per imparare a costruire con le mani piccole oggetti. Un giorno la fortuna sorrise ai figli di Salvo: trovarono, come per miracolo, un vecchio pallone di cuoio, era sgonfio, lo portarono a casa, chiedendo a loro padre di tappare la bucatura.

Salvo era un maestro in questo: non faceva che tappare bucature alle ruote delle biciclette di famiglia usurate dal tempo, ma ancora resistenti. Quando tornò dal lavoro, una flotta di ragazzini gli andò incontro mostrando il trofeo, egli lo esaminò attentamente come se si fosse trattato di un oggetto prezioso, provò a gonfiarlo con tutto il fiato che aveva nei polmoni, prendendo tra i denti e la bocca la valvola: gonfiava, gonfiava, ma dopo poco si sgonfiava, i ragazzini aspettavano perplessi e fiduciosi che dicesse la parola che li avrebbe fatto felici, Salvo si trattenne e poi sentenziò: "Ragazzi è ancora buono da prendere a calci, ve lo aggiusterò oggi pomeriggio". I ragazzi felici come una pasqua, incominciarono a saltare, come scimmie per la gioia, per avere ricevuto un grande e inaspettato dono. Quella fessura nel tronco d'ulivo sembrò il regalo della fata madrina di Cenerentola, sembrava messo lì apposta per loro che lo avevano sempre desiderato. Nessuno mai lo reclamò e i ragazzini, dopo qualche giorno di paura, si abituarono a possederlo, contenti di avere trovato un tesoro immenso. Quel pallone consentì a Nunzio e Giacomo di formare una squadra tra i loro amici: Nunzio era il capitano attaccante numero 10 come il grande Gigi Riva, il fratello Giacomo era il libero come il super Scirea. Le partite di pallone divennero la loro principale attività sportiva, uscivano da scuola per giocare ore e ore senza fermarsi mai, i Salvo decidevano chi dovesse o non dovesse giocare, dopo le partite, stanchi e affamati assaltavano qualche frutteto o qualche orto di cocomeri e meloni, per mangiare frutta a più non posso: albicocche, fichi, cocomeri, in estate, arance, mandarini e uva, durante l'autunno, e melagrane, cachi e noci d'inverno, rubavano, soprattutto nelle fattorie dei baroni o degli agrari che possedevano estensioni grandi come un villaggio coltivate col lavoro a basso costo degli assegnatari. Sembrava giusto non risparmiare i grandi frutteti e gli estesi orti di quei ricconi che non aveva mai preso in mano una zappa. Placavano la fame e la rabbia d'essere poveri, mangiando la frutta degli sfruttatori dei loro padri, si sentivano dei Robin Hood, poi sapevano che la cena sarebbe stata un piatto di pasta e, se andava bene, un uovo al tegamino o una bella insalata di pomodori, olio, cipolla e peperoncino piccante e altre verdure dei loro piccoli orti.

Le ragazze più grandi se ne stavano a casa a lavorare con le nonne all'uncinetto o ricamarsi il corredo, avevano poco tempo per giocare, le più piccole giocavano con le bambole di stoffa costruite dalle sorelle o addirittura dalle madri, solo la figlioletta di Salvo aveva due bambole vere, una avuta in regalo da un suo zio che era emigrato da giovane in Francia e, ogni tanto, veniva a trovarli, portando qualche maglione francese ai ragazzi e alla ragazzina una bellissima bambola, l'altra gliela aveva regalata una comare di sua madre, era la bambola dismessa dalla figlia ormai signorina. La ragazzina era talmente presa da quelle bambole che passava ore e ore a pettinarle e a lisciarle come se fossero state due sorelline, Agata sembrava contenta di essere al centro dell'attenzione delle ragazzine del vicinato. Salvo, dopo tanti tentativi, riusciva finalmente a trovarsi un lavoro serio, un miracolo, se si considerava che, per molto tempo, aveva rinunciato a cercarsene uno, un po' per il suo carattere ribelle, un po' perché i lavori manuali non erano il suo forte, di altri non ne cercava, spesso si scoraggiava, perché non aveva raccomandazioni da far valere, solo qualche raccomandato trovava da lavorare, erano tempi difficili.

Salvo, da reduce di guerra, si aspettava un qualche riconoscimento dalla repubblica e una certa comprensione dai familiari, aspirava ad un lavoro più adatto alle sue capacita professionali e al ruolo ricoperto durante la guerra: era stato sergente maggiore, anche se aveva considerato e considerava la guerra un brutto evento, crudele e assurdo, soprattutto per chi come Salvo non la condivideva, odiava pensare di dovere sparare ad altri esseri umani; a volta, costretto aveva sparato contro dei ragazzi greci per non farsi ammazzare o solo per salvare i compagni, ma poi la sua anima soffriva come se avesse commesso dei crimini, gli passavano davanti agli occhi le immagini di quei poveri ragazzi come lui che difendevano la patria occupati dai diavoli nazifascisti.

Salvo era nato il 1918, il drammatico anno della spagnola che provocò milioni di vittime in tutto il mondo, anche se alle popolazioni, per mancanza di informazioni, non sembrò una pandemia grave ed estesa, ma una specie di epidemia influenzale estesa, ma non gravissima che non risparmiava nessuno: uccideva senza pietà.

Salvo e sua madre furono colpiti da una forma di spagnola non troppo grave, scampando al virus, per pura fortuna, la madre perse il latte e Salvo, per sopravvivere, fu allattato a turno da sei contadine, con i bambini piccoli di altre famiglie, passando da una tetta all'altra, crebbe bene e fu sempre grato a quelle mamme generose che gli avevano consentito di sopravvivere e diventare un ragazzo sano e forte. Ogni tanto, dopo la guerra andava a trovarle per salutarle: si sentiva un po' figlio di ognuna di loro, le chiamava affettuosamente mamme di latte, la sua naturale empatia lo aveva legato a quelle madri per tutta la vita, le cercava sempre quando saliva in montagna nei villaggi di Baraccone e Simonetta, e saliva ogni volta che poteva come alla ricerca della felicità perduta. La popolazione fascista lo considerava una specie di vigliacco per aver portato con gli altri allo sfascio il regno dei Savoia, come se i Savoia si fossero comportati bene nei confronti del sud che massacrarono e spogliarono di tutte le conquiste civili ed economiche. Salvo, pur avendo sofferto molto per la guerra, era contento che la nostra Italia si fosse liberata dai Savoia e dal regime fascista. Molti pensavano che avesse collaborato con i partigiani per liberare la nostra Italia dal giogo nazifascista, altro che perditempo, i suoi, per ignoranza o presunzione, non accettavano che si lamentasse per i sacrifici fatti e dei pericoli corsi in guerra, fatta con poche e inadatte munizioni, vestiti e scarpe di cartone o quasi, alimentazione insufficiente e di cattiva qualità. In Salvo era forte il desiderio di essere accolto dai familiari, si considerava una vittima dei poteri forti mai condivisi, egli pensava di recuperare tutto l'affetto perduto per quella tragica e inutile esperienza, ma i suoi erano diventati cuori di pietra, gli erano ostili più che mai, perché erano stupidi e presuntuosi fascisti, e come tutti i fascisti di provincia, cercavano colpe negli altri, poi i fratelli volevano rubargli quel poco che gli spettava con la scusa di considerarlo un traditore e un venduto al nemico, alimentavano quel senso diffuso di frustrazione degli Italiani ignoranti che avevano sognato tempi futuri di agiatezza, mentre erano condannati a pagare i debiti di guerra; dopo anni di sostegno al fascismo, distribuendo purghe e bastonate agli scettici sostenevano ancora il regime mussoliniano, ma temevano anche di subire vendette dai familiari di chi avevano malmenato. Era poco la considerazione di questa gente per chi era morto o era rimasto storpio nel fisico e offeso nella mente per combattere una guerra devastante, obbligati a combattere contro popoli fratelli presi alla sprovvista. I fratelli di Salvo l'avevano evitata, erano rimasti a casa a sostenere le ragioni della guerra e a frenare con segnalazioni e denunce chi remava contro, molte volte minacciarono di farlo contro loro fratello Salvo, ma la loro madre riuscì sempre a fermarli, mentre suo padre restava in silenzio agli sproloqui dei figli fascisti. Dopo la guerra, i partigiani con il supporto di gran parte del popolo e degli alleati cancellarono il fascismo, esiliando gli sgangherati Savoia. La vittoria del referendum diede inizio alla repubblica e fece rinascere un popolo da sempre sacrificato e sottomesso ai numerosi signorotti che facevano i loro interessi e quelli di pochi a svantaggio della stragrande maggioranza della popolazione sempre vessata e sfruttata. Dopo la disfatta fascista, i due fratelli di Salvo si trovarono pronti a cambiare casacca per aderire al DC, Salvo, socialista e antifascista convinto, si rese conto della rivoluzione avvenuta e ne fu contento, guardando al futuro con grande fiducia, continuava a vivere, però, tutto drammaticamente per una ingiusta emarginazione a cui lo aveva condannato suo padre e la cattiveria dei suoi fratelli, anche se sperava sempre che, prima o poi, lo avrebbero accolto come meritava. La guerra era stata, per Salvo, un brutto viaggio all'inferno, era rimasto, per sempre, figlio e fratello senza diventare mai padre, ci vollero anni per responsabilizzarsi e dedicarsi alla propria famiglia; col tempo, le cose cambiarono, si responsabilizzò e cominciò a pensare, in qualche modo, al futuro, anche se l'ostracismo verso di lui, fu riservato anche alla sua famiglia, eccetto qualcuno che non li dimenticava e cercava di mantenere i rapporti.

I Passeri trovarono la loro strada nello studio con pochi soldi, ma con tanta buona volontà si impegnarono sino in fondo, riuscendo a cogliere gli obiettivi desiderati, Nunzio fece da battistrada per i suoi fratelli: incominciarono a fare lavoretti per i conoscenti: seguire ragazzini con difficoltà o preparare alunni rimandati a settembre, ma, tutto si superava con il solito aiuto dei nonni materni. Salvo spesso davanti alle difficoltà si arrendeva, ma la moglie lo spingeva ad impegnarsi e lui prendeva coscienza delle difficoltà, si vestiva di coraggio e si dava da fare: coltivava l'orto, andava a vendere frutta e verdure per le strade del paese, cercando di guadagnarsi la pagnotta. Dopo l'iscrizione all'università di Nunzio, Giacomo decise di lavorare nel sindacato come responsabile provinciale: incominciò ad organizzare manifestazioni a favore dei contadini e dei piccoli proprietari che alimentarono il sindacato con nuovi e preparati elementi e poi la Confcoltivatori che divenne la più importante organizzazione di categoria di tutta la provincia. Il lavoro di bracciante agricolo che aveva svolto da ragazzo, durante le vacanze estive, lo aveva legato a tanti altri ragazzi che, anche dopo la scuola continuavano a lavorava nelle grosse aziende del territorio che coltivavano pomodori in estate e cavolfiori, broccoli e verze nei mesi più freddi. In inverno, si raccoglievano cachi, clementini, arance e limoni nelle tenute dei ricchi latifondisti che venivano venduti al nord e in qualche paese europeo, oltre al consumo in loco. Col tempo incominciò a produrre anche il giardino della quota della famiglia Passeri che permise alla famiglia di fare quadrare i conti e di tirare avanti discretamente, il presalario a Nunzio e poi, tre anni dopo, ad Agata e il lavoro di Giacomo permisero a tutti di seguire la loro strada. Era finito il tempo delle proteste e delle chiacchiere, si conquistava la normalità, Salvo evitava di trovarsi sempre in mezzo a proteste contro i democristiani ch'erano stati intruppati dagli impiegati dell'OVS e dal monaco della parrocchia, protestare serviva molto poco. Salvo incominciò a pensare che i problemi si risolvevano lavorando e studiando, chiedere ad altri diventava spesso sprecare il fiato. Arrabbiarsi per non avere ricevuto il pacco di viveri dal parroco o la raccomandazione del politico di turno, era un' illusione che serviva a poco, pensò che anche le sceneggiate fatte a Fanfani e a Colombo, durante le campagne elettorali, lasciavano il tempo che trovavano. Restava socialista e sperava che, prima o poi, la gente sarebbe maturata, utilizzando liberamente lo strumento del voto per cacciare i ladri e i disonesti. La rivoluzione culturale, per gran parte del popolo, avvenne con la scuola media unica e obbligatoria, le situazioni si delinearono e si diversificarono, i soliti raccomandati spesso si accontentarono di lavori semplici e quelli che sembravano gli ultimi, divennero medici, professori, bancari, dimostrando che una testa ben fatta può conquistare il mondo.

Giuseppina Irene Groccia

Artista ed entusiasta comunicatrice del mondo dell'arte contemporanea.

Il suo percorso di ricerca presenta temi di sperimentazione nei campi della pittura, arte digitale e fotografia. I suoi "pensieri scritti" sono composizioni legati alle emozioni e ai sentimenti, i quali riescono a sfociare sempre di più in un intimo confronto con se stessa.

In MENTE OCCHI CUORE, suo esordio editoriale, premiato e tradotto in lingua straniera, l'artista ha intrecciato nell'attività verbovisiva il suo duplice interesse per il linguaggio della parola e per l'arte visiva.

In LENS_VISIONS, libro fotografico uscito nel 2023, ha pubblicato una selezionata raccolta di opere che comprende il risultato di un percorso di sperimentazione e approfondimento dedicato alla monocromia del nero nell'arte fotografica con rilevanti influssi della Fotografia Transfigurativa.

Ha curato come Redattrice editoriale, il progetto della rivista d'Arte XartMagazine. E' Autrice del Blog L'ArteCheMiPiace e del Magazine ContempoArte, dove pubblica periodicamente articoli, interviste e progetti dedicati all'arte e alla cultura. Collabora con i Blog Art&Investments, The Art Post Blog , Elapsus Cultural WebZine, I Think Magazine e con la rivista mensile ExitUrbanMagazine.

Sito Web www.gigroart.com

Io non so
se ti riconosco ancora
mentre il cuore si affanna
e azzarda un riflesso

È una memoria coriacea
che persiste
come vivida sostanza
che il tempo, tra ricordo e carne
continua a far scorrere

Oh mio afflato
materia incandescente
che arde
che si sposta ed è sponda
e mi adombra l'anima

In fondo adesso
tutto è bruciato
e di noi
… polvere e cenere
è tutto ciò che rimane

Lo riesco a sentire
è un canto senza parole
Il rumore di un cuore infranto

Un sussurro triste
che si insinua nell'anima
come un'eco malinconica

Note ferite danzano nell'aria
riportano anguste melodie
invocano guarigione
di due anime smarrite e stanche

Ma tu amore
accarezza ogni speranza
acceca ogni nefasto intralcio

Trattieni il fiato
e raccontami ancora
tante, mille rassicuranti bugie

Giacomo Lauricella

"Io sono nato in Sicilia e lì l'uomo nasce isola nell'isola e rimane tale fino alla morte, anche vivendo lontano dall'aspra terra natìa circondata dal mare immenso e geloso."

(Luigi Pirandello)

"Puoi togliere un siciliano dalla Sicilia ma non potrai mai togliere la Sicilia dal cuore di un siciliano" *(web)*

SEDUZIONE

Morbida l'ombra
tra canneti composti
ti fascia
quando nuda
mi tenti
a primo levarsi di luna
per sciogliere
nei molli tepori
arsura
di sensi.

Ti guardo
e tra i giunchi mi spingo
dal sapore rapito
del peccato.

TORNERÒ

Tornerò Frine
dove in corde d'arpa dorate
i tuoi capelli vespero rinnova
dove indiscreto il vento
di foglia in foglia corre
al mandorlo inverdito
e scioglie
il suo profumo
di zàgara l'arancio
nel mare di spighe
alla carezza di zéfiro
commosse.

Tornerò Frine
dove la bianca spuma
i tormentati scogli veste di salmastro
e v'accompagna l'eco
non spento
d'oltremare genti
dove il gabbiano
l'ala ripiega a riva
e il canto
s'acqueta di sirena.

Tornerò Frine
all'abbraccio composto del carrubo
al piano che tenta
gl'inquieti profili delle serre
ai silenzi
sazi di parole non dette
per amarti ancora
nell'incantata notte isolana.

NASCITA DELLA PRIMAVERA

Dalla spumosa onda e crespa
del pelago
Afrodite
di nessun velo cinta
emergi
sulla conchiglia
da Zefiro
al cipride arenile spinta.

Veloci corrono le Ore
a ricoprire
d'infiorata veste
i seni
e il ventre
d'ambrosia profumati e chiari
e con serto di rose
al capo
fare corona alla fluente chioma.

Così adornata incedi
con passo leggero per la terra nuda
e tutto fecondi e generi
d'amore e di bellezza intinto
e d'armonia e passione
e il tuo nome sarà
per sempre Primavera.

NOTTE DI SAN LORENZO

Dove la carezza languida dell'onda
sfiora la riva
ed il silenzio
asperge di salmastro
echi lontani
attraversano la mia solitudine
tra meteore di luce
effimere
come illusioni evanescenti
al destarsi dell'alba.

Sono foglie rapite ai rami
ricordi
che l'ora confonde
mentre ti chiamo
t'inseguo
e ti perdo.

Poi
un silenzio d'attimi
e nel sogno
ancora t'incontro
sorridente
sui sentieri tranquilli
della mia fantasia.

Ornella Mamone Capria

Sono alla ricerca della poesia in ogni momento della mia vita e ho scritto, in questo spazio di righe, con l'intenzione di dare forma alle mie sensazioni e di invitarvi a cogliere le sfumature di ogni verso, sperando che vi offrano qualche emozione.

Guerra

Un chiaroscuro

più scuro che chiaro

un balzo in avanti

non luce teatrale

un botto polveroso

caduto all'istante

su una platea dietro le quinte

sulle specchiere in cui convergono i volti.

É il gioco infernale

la cui ampiezza

a camere spente

proietta il pubblico

in piena violenza.

Cecità visiva

Perdiamo diottrie

e con una messa a fuoco

siamo capaci

di versare per terra l'altro fiato

o lanciare in alto sentenze detonanti

Prendiamo umori

dai tiranni dello sguardo

dai rituali della contraffazione

per poi poggiarli

sul tavolo dei fiori artificiali

e con il congedo dell'incanto

con l'indifferenza dentro i pugni

senza immaginare vite nelle vite

ci vediamo

esseri pensanti

Anche il sole divora

Non domandarmi quale mondo aprirti

non posso aprire il varco

lontano dalle serpi

darti l'allegra meraviglia

il seguitare delle certezze

le sensazioni vibranti

tra il madreperlaceo e il verde fresco

le trasparenze sorte in ogni mezzo.

Posso però

viscerarti il verso

sfuggito al vuoto esterno

porgertelo dentro il sorriso delle radici

il riflesso dei capi reclinati

i suoni non abissati

e senza sonnolenza

con cruda smorfia

dirti che

quando il sole divora

non aspettare che piova.

Fuggi , anche se il cielo bava.

Uomo

Prima di dare al "t'amo"

la tua immagine cruda

i tonfi rallentanti il suo cammino

gli stordimenti delle sue predilezioni

gira lo sguardo

fuori dal tuo set

attraversa quella coscienza in bianco e nero

Non essere regista

di te stesso

attraversati pure triste

interpretati

fuori dai minati confini

per trovati

nei fluidi colorati

nelle geometrie mobili

delle geografie dell'essere

Marcella Pecorari

Umanità

Un turbinio di polvere si alza
Quasi a nascondermi
la già offuscata umanità
che prospera e libera vaga decisa
nel mondo dei consumi.
Vestita di mille colori,
da ogni desiderio appagata,
pare avere una precisa destinazione.
Ma, come foglia strappata dal ramo,
che il vento porta di qua e di la
prima, aleggia veloce,
poi, si impenna, plana e
a terra si posa.
Poi riprende a viaggiare
in balia del vento
incapace di porre limiti
al suo divenire

Natale

Quanto è bello il natale,
ti fa entrare in una atmosfera magica fatale
nella quale si respira un'aria celestiale
che ti espande il cuore e più ti fa amare.

E' la festa per la quale
ogni risentimento diventa banale
ti senti, dentro più buono e gioviale
E pensi cosa agli amici potresti donare.

In ogni dove luminarie e lustrini
attirano lo sguardo di uomini e piccini
poiché nel loro bagliore
rivedi la stella di nostro Signore.

Nelle vivaci e colorate stradelle
inebrianti odori di dolci e ciambelle
si intrecciano alle note delle ciaramelle
suonate con ardore da ignoto pastore.

Tutto questo fervore è il segno d'amore
che noi credenti volgiamo al salvatore,
quel bambino venuto nel gelo
per guidarci col suo vangelo.

Ida Proto

Ti vedo chinata a pensare

Ogni tanto ti giri

Abbozzi un sorriso

Ma chi vuoi prendere in giro ?!

La tua mente

È lontana anni luce da qui

Corpo immobile

Occhi vitrei

Sguardo assente

Che starai mai pensando ?

Vorrei essere veleno dentro te

Poi ti giri

Mi sorridi

" sono attimi " mi dici

Prendo per mano il peso del mondo

E lo faccio mio

Un' incudine sul capo

Come corona porto

E lentamente il corpo si muove

A volte il capo si china

E il peso traballa

Come gazzella

La mano si fionda

E lo blocca

Il tempo passa

La gazzella è stanca

E La corona tentenna

Ma lei non molla

Raddrizza la schiena

Uno sguardo al cielo

E riprende il cammino

Mi manchi

Tutto manca di te

L'odore

Il sorriso

La voce

Gli abbracci

I tuoi occhi…

Si! I tuoi piccoli occhi

È da lì che ti leggevo il cuore

Immenso come il tuo mare

Profondo come l'abisso

Pulito come il cielo d'estate

Caldo come il sole a fine luglio

Impetuoso come vento di tramontana

Libero come gabbiano in volo

Quei tuoi piccoli occhi

Stelle di notte in alto mare

Canto di sirene per i marinai

Libro aperto per i tuoi cari

Porto dove attraccare

Casa

Protezione

Vita

Ci sono dei ricordi

che coltivi

anche se non hai più il prato

Fioriscono ogni volta che ci pensi

Si vivono istanti

che lacerano la mente

Come frustate su carne nuda

MARINELLA PUCCI

Marinella Pucci, alias ma.pu, was Born in Cosenza, Italy, and lives and works in the Netherlands. Pucci considers herself a multifaceted artist. She started as a dancer and choreographer and is also a poet and painter with a strong passion for tango and holistic sciences. The true strength in Pucci's career as an artist is her ability to engage with different passions. When Pucci expresses her creativity through painting, she manages to use her sensitivity with the same impetus as when she acts or dances. Pucci's different passions allow her to converge and merge her creativity and mould her personal style. Pucci uses her holistic knowledge to enable 'emotional healing through art'. In the shapes and colours she uses, Pucci transfers her energy, emotions, feelings and experiences through a dance of colours and shapes to communicate and excite the viewer.

Pucci recent work has been inspired by her visit to Buenos Aires where she went last March and was inspired to work on her new creative tango characters 'Dreamings'. She produced a series of 36 tango dancers by first drawing them in black charcoal to then create them in colour as well as bringing them to life with her polymeric sculpture creations. The Dreamings are coming to life also by her ability as a writer.

Marinella Pucci

Nasce ballerina e coreografa ma è anche poetessa e pittrice, con una forte passione per il tango e le scienze olistiche.

L'incontro con diverse passioni le ha consentito di esprimersi in varie attività che si toccano e si intrecciano tra loro, creando uno stile tutto personale.

Anche in questo numero del Solco Marinella presenta degli estratti dei suoi racconti onirici che ci porteranno a vivere il sogno dell'incontro con personaggi d'altri tempi.

Tutto partirà da un disegno, da segni grafici venuti dal cuore, niente di preparato, puro istinto... movenze catturate su un semplice foglio ascoltando parole, musica e respirando l'universo di emozioni che vive nella parola "Tango"

Dreaming D28: 'Chi sceglie chi'

Un nuovo giorno con grande fermento nel paese: si sono concluse le elezioni generali in Argentina.

Il candidato ultraliberista e di estrema destra Javier Milei ha vinto il ballottaggio delle elezioni presidenziali argentine superando Sergio Massa, di centrosinistra.

Non sarà cosa semplice portare il paese ad una ripresa economica e rimarginare un'inflazione incalzante.

Non è facile vivere in Argentina e oggi anche da turista non mi sento molto serena sul futuro e sicurezza del paese e non so se una volta rientrata in Europa sarà poi così semplice decidere di tornare; ma ci penserò un' altra volta quando sarà il momento, per adesso vado incontro ai miei dreamings.
Mi dirigo nella mia stanza e mi appresto a recitare il mantra:

Un respiro profondo, un cuore che acquista un ritmo pacato, gli occhi che si chiudono ed ecco il dreaming dischiudersi..

Oggi ci troviamo nella milonga Cachirulo a el Beso.
Milonga famosa perché segue i codici tradizionali del tango, e per assegnare posti separati a donne e uomini.

I dreamings di oggi sono meno affabili del solito.
Mi danno del lei e mi conducono in un angolo della sala che lascia poca speranza di portare a termine delle mirade efficaci.

I Dreamings 28 spiegano: 'in questa Milonga se non sei un habitué e se non ti hanno visto ballare non ti verrà mai assegnato un posto in prima fila.Ti auguriamo una buona serata.'

Devo ammettere che non mi aspettavo di essere messa in un angolo.
Decido che vale comunque la pena di essere li e voglio dare un senso alla mia visita, quindi rinuncio alla possibilità di ballare e mi dedico ad osservare le dinamiche della milonga.

Donne che usano spasmodicamente ventagli di vari colori e materiali o che scrutano nelle borse ritornando a lanciare occhiate in direzione opposta al possibile leader con cui ballare.
Uomini che sorseggiano un drink e che scambiano chiacchiere con i vicini di tavolo e anche loro impegnati a lanciare occhiate in direzione opposta.
Sembra ora un duello, ora un corteggiamento ora uno schivare colpi.
Non mi è chiaro il motivo di cosa faccia scattare il cabaceo tra i due ma è meraviglioso cogliere la connessione di sguardi e del consenso che fa si che i due si incontrino stretti in un abbraccio per 12 minuti di tango.
Il mio osservare mi fa notare che siamo di fronte ad un gioco alla pari dove non si può dire facilmente chi sceglie chi.
Ci sono i rifiuti; quelli delle donne che girano il capo in modo distratto; quelle che decidono di tornare a scrutare nella borsa o di guardare il cellulare..tutto tranne che ricambiare quello sguardo.

Ci sono poi gli sguardi di ghiaccio di quegli uomini che negano una mirada guardando al di la della sagoma della donna che li vorrebbe scegliere, quasi ipnotizzati lasciando la sensazione di essere trasparenti, invisibili.
Nel mio osservare ho la fortuna d'incrociare uno sguardo e di ritrovarmi inaspettatamente in pista a ballare un tango meraviglioso che lascerà un ricordo felice di quella che doveva essere una serata difficile e da spettatrice.

Dreaming 27: 'Tango e perdizione'.

A volte capita di scendere dal letto con il piede sbagliato.
Oggi è uno di quei giorni, il malumore è arrivato apparentemente non per una ragione precisa.
È una di quelle giornate in cui non sopporti rumori e non hai voglia di stare in mezzo agli altri.
Decido di starmene in disparte e di perdermi nella lettura di quel libro iniziato e mai finito.

Anche oggi incontrerò i dreamings per il mio pisolino pomeridiano e voglio che fino ad allora il mio stato d'animo si ristabilisca. Al solito orario mi dirigo nella mia stanza dove mi appresto a recitare il mantra:

Un respiro profondo, un cuore che acquista un ritmo pacato, gli occhi che si chiudono ed ecco il dreaming dischiudersi..

Dove siamo? Chiedo ai due dreamings che presiedono quello che sembra essere l'ingresso di un tunnel buio e misterioso.

I dreamings 27: Ma.Pu è arrivato il momento di rivelarti una nuova lettura del tango e del suo potere seduttivo.

TANGO: Tener una Adicción Nunca una Gran Obsesión
Significa che il tango ti seduce, ti porta a se per non lasciarti libero di andare, non ne potrai fare a meno! è una strada senza ritorno.
questo è l'ingresso del tunnel del tango, lasciate ogni speranza voi che entrate perché una volta varcata la soglia non sarete più quelli di prima..
Pensala un po' così: il tango ti trova nel momento in cui hai una fragilità, un vuoto da colmare, delle ferite da far rimarginare.
Lui ti trova e ti fa vedere che esiste un mondo fatato fatto di musica e di abbracci con altri esseri come te che si accomunano allo stesso bisogno di creare connessione.
Il cibo per le allodole servito alla tua anima per stare bene, la ricerca continua di riempire quel bicchiere forato che siamo diventati, con dell'acqua ristoratrice.
Una dipendenza.
Questa è una nuova rivelazione di cui nessuno fino ad ora ti ha mai parlato.
Quando entri nel tunnel hai dato in mano al diavolo il tuo destino...
Avrai ceduto al lato seduttivo del tango perdendo la libertà, sarai schiavo, soggetto ad umiliazioni e ad ore di frustrazione. Gli eghi saranno alimentati e la vanità la farà da padrona.
Ma.pu: credo di non aver inteso completamente il tuo discorso e ti chiedo di spiegarmi queste tue affermazioni.
Ti faccio degli esempi e dimmi se non è cosi:
Quando vai in milonga o meglio ancora quando vai ad eventi di tango ci vai in abiti da lavoro o curi nei dettagli scarpe abito capelli trucco e profumo ?
Un rituale che aumenta le aspettative di ciò che cerchiamo andando ad una serata di tango. Un processo che nel tempo aumenta d'intensità e ti porta a dare attenzione alle esteriorità, all'apparire per essere scelti per un tango.
Non è forse una forma di schiavitu' intesa come dipendenza, quel continuo investire in viaggi per il tango: i sacrifici per prendere voli impossibili, le attese interminabili in aeroporto, i voli cancellati e gli autobus presi in alternativa pur di arrivare a destinazione, gli acquisti per rinnovare il guardaroba tanguero, le ferie dal lavoro sempre meno perché consumate solo per appagare un bisogno, il bisogno di recarsi in quei luoghi molte volte lontani per abbracciarsi e per provare emozioni, che poi è quello che il diavolo ti ha fatto conoscere per renderti prigioniero.
Ti sottoporrai accettandole, a situazioni che creeranno frustrazione e umiliazioni quando passarai ore in milonga ballando poco o niente a confonderti con la tappezzeria. O a guardare il tuo uomo/la tua donna che condivide un piacere che non riesce spesso a stare in quello che definiamo semplicemente ballare.
Assisterai o sarai attore di comportamenti di potere quando quella scelta di quando e con chi ballare sarà esercitata.
Di quando e chi salutare.
Di comportamenti incongruenti. Dagli abbracci intensi al completo ignorarsi.

Pensaci bene, e ti lasciamo con una domanda: fai le tue scelte perché sei veramente libero/a?

Con questa frase mi ritrovo catapultata nella mia stanza, nella mia realtà. Con una nuova chiave di lettura tutta da confermare o contraddire.

Dreaming D26: 'il CAST'

A volte scegliere non è facile poi se si tratta di dolci ecco che vorrei quantomeno assaggiarne la bonta'.

Se ne vedono esposti di tante varietà nella vetrina della pasticceria che ci ha adottati per le nostre ghiotte colazioni.

Oggi tocca a me selezionare i dolcetti che finiranno nel vassoio da kg che puntuale ogni mattina imbandisce l'angolo colazione.

Finalmente acquisto fatto e con assaggi inclusi.

Arrivata a casa trovo tutti a farmi la festa per il bottino che profuma di buono.

Bello questo nostro rituale che ci fa partire con il piede giusto.

Tra un boccone e l'altro, risate e racconti.

Lo posso dire forte e chiaro: Siamo una bella banda di amici tangueri.

Anche oggi il mio ritaglio di tempo per incontrare i dreamings non può mancare. Al solito orario mi dirigo nella mia stanza dove mi appresto a recitare il mantra:

Un respiro profondo, un cuore che acquista un ritmo pacato, gli occhi che si chiudono ed ecco il dreaming dischiudersi..

I dreamings di oggi sono impegnati, stanno selezionando i partecipanti per un nuovo corto.

Ci sono attori e ballerini in fila desiderosi di passare le selezioni e far parte del cast di quello che sarà il cortometraggio ispirato al tango.

Incuriosita mi avvicino ai due dreamings registi e chiedo di saperne di più.

I dreamings D26 dicono: "vedi Ma.Pu, noi siamo i tuoi dreamings ci hai creato nel tuo immaginario e nella dimensione onirica ci materializziamo per raccontare le nostre verità.

Quella di oggi è un presagio di quello che tu Ma.Pu farai nel tuo mondo, un giorno quando i tempi saranno maturi.

Noi oggi ti mostriamo e ti facciamo assaporare l'emozione di quello che sarà il primo passo per realizzare il tuo cortometraggio sui dreamings e il tango.

Appena tornerai nella tua realtà apprestati ad annotare il ricordo di questo incontro e senza fretta aspetta il tempo giusto per concretizzare quello che oggi stai vivendo qui con noi.

Questo è il copione con la storia e i dialoghi.

Queste sono le musiche che userai e questi di oggi saranno gli attori e i danzatori.

"Signori un minuto di silenzio: abbiamo il piacere di avere qui con noi l'ideatrice e regista del corto che stiamo per preparare.

Quindi sarà sua l'ultima parola e sarà lei a scegliere tra tutti voi chi farà parte del cast."

Una grande emozione risale lungo la mia schiena e si irradia su tutto il corpo. Seduta con la gioia nel cuore, inizio a visionare curriculum e book fotografici e con fare sicuro inizio le selezioni:

Il materiale dei si a destra, quello deii no a sinistra.

I dreamings procedono a prendere il materiale a destra con i miei si e si annunciano l'inizio delle selezioni: "si preparino le seguenti coppie con il brano recitato e cantato con cui vogliono mostrare le proprie capacità."

"Da questa parte invece si preparino i ballerini di tango."

'Che le selezioni abbiano inizio.'

Ancora trasognante rientro dal sogno desiderosa di annotare ogni dettaglio per questo sogno nel sogno che presto sarà il

Cortometraggio dei tango dreamings di Ma.Pu

Il Solco
nel volto del passato!

Scuola Media - Rossano Centro, a.s. 1958/59
Don Ciro Santoro, Vera Tucci (mia madre), De Lauro, Sturino, Santalucia, Di Salvo, Bauleo, Altimari, Luigi Pirillo e moglie.

A volte.. la mente chiude gli occhi e scava tra tracce sommerse di una vita passata. Si va alla ricerca di vissuti che il tempo ha coperto, e continua a coprire, mentre scorre avanti senza tregua.

Occorre entrare nel profondo per recuperare frantumi resi invisibili dal tempo. E con fatica affiora qualcosa!

Spesso si torna indietro con la forza dell'affetto per scuotere e infrangere le barriere che coprono i "ricordi".

Affiorano impronte di vita... luoghi, foto, oggetti, appunti... testimonianze restituite dal tempo.

A volte... la traccia più profonbda, più indelebile, più dolorosa, racconta di irrimediabili precoci perdite.

Così ho deciso di scavare questo solco, spolverando un ricordo di sofferenza e amore con la dolce sincera illusione di alitare vita sulla persona amata, "Mamma".

Norella Pujia

... quando il dolore ricuce la Vita

"MAMMA! LA TUA PERDITA È STATA LO SPAESAMENTO DELLA MIA VITA"

ಬಿ✿ಆ

Ero adolescente ai primi passi
quando persi mia madre.
La calda estate del '66 decretò
la sua precoce scomparsa.
Una malattia crudele, rapida, a
quei tempi letale, interruppe la
sua carriera di professoressa e
portò via una prof stimata e
adorata dalle sue alunne,
un'amata moglie e una forte
dolce mamma.

Veronica Tucci

Io persi così una madre formata nella scuola fascista di Giovanni Gentile, motivo per cui, accudendo con attenzione e amore noi figli, combatteva con misurato rigore le nostre fragilità, per renderci forti.

"Bastone e Carota" come si soleva dire a quei tempi. Ma il bastone era una finta minaccia e le carote erano baci leggeri sulle palpebre chiuse dal sonno.

Fu un'estate, che passò in fretta per me, incerta tredicenne.

In compagnia di mio fratello, più grande di solo un anno, fummo affidati alle cure di zii e nonni paterni, a Polia, piccolo paese all'epoca annoverato in provincia di Catanzaro, attualmente in provincia di Vibo Valenzia.

Zii e nonni erano pronti a darci il loro affetto, ovattarci e proteggerci dalle brutte notizie di una tragedia che si stava consumando.

Tra la Calabria e la Puglia, luoghi di appartenenza delle nostre famiglie, circolarono notizie sempre più drammatiche, intercettate dai nostri affetti adulti.

Attorno a noi la rete d'amore ci difendeva da un precoce dolore, esorcizzato con le tante preghiere.

Rete che c'impedì di percepire il vuoto lasciato dai genitori lontani, alla ricerca di una magica pozione salvavita.

Il saluto per sempre a mia madre mi divise a Taranto, nell'ospedale della nostra città d'origine.

Fu un momento farlocco. Lei lì, stesa su un letto, inerme tra le bianche lenzuola che le disegnavano il corpo. Gli occhi chiusi.

Pallida e immobile come statua di marmo. Un sottile respiro a ricordarci la vita.

... Nel mio orecchio una voce soffiata, non ricordo da chi: "Saluta la mamma, dalle un bacio leggero in fronte. Non svegliarla! Sta riposando e ti sta sognando".

Quel giorno, davanti al suo letto in ospedale, non ebbi sentore della tragedia in atto, per cui obbedii. La baciai accostando delicatamente le labbra sulla sua fronte, attenta a non svegliarla. E non si mosse.

Non feci caso al suo corpo inerme, anzi pensai alla vita, a lei che tornava a casa e che avrebbe ordinato le sue cose e il suo aspetto, aggiustato da subito il suo taglio di capelli ormai disfatto, spennellato le gote, messe in ordine le unghie, e così via... affinché nessuna parte del suo corpo fosse in disordine.

E avrebbe, da subito, ripreso in mano la sua vita e la sua famiglia...
Al suo arrivo le sarei corsa incontro per baciare il suo bellissimo e dolce viso.

Avrei soffiato la cipria con cui nascondeva le sue simpatiche lentiggini.
Avrei respirato il suo profumo di "Notte Romana".
Avrei riso dicendole che ero diventata più alta di lei.
Non era alta mia madre. Se avessi avuto un po' più di tempo da vivere insieme, l'avrei raggiunta e superata in altezza velocemente. Non ho potuto mai, purtroppo, divertirmi a canzonarla confrontandola con me.
Alta no, ma bella sì! Piena di charme, colma di fantasia, ricca di idee e di capacità nel realizzarle.
Amava tanto l'ordine e questo, purtroppo, ci distingueva; ma sotto la sua guida c'erano tante altre cose che avrei potuto imparare da lei.
E così mi accomiatai serenamente, illudendomi di poterla rivedere al più presto.

Ma giunse la notizia della sua scomparsa in quel di Polia, per me improvvisa e inaspettata. Mi trovò impreparata lì, in quella casa dei nonni paterni dove io e mio fratello eravamo accuditi con l'affetto compensatore di un dolore nascosto e, per me, irreale…
Come in tutti i piccoli borghi, l'intera comunità fu raggiunta dal passaparola e si mosse in gruppo per stringersi intorno a noi unendosi al pianto, alla carezza, all'abbraccio, alla preghiera.
Io avevo inconsciamente ignorato il pericolo di perdere mia madre e avevo ovattato la mia vita con la complicità di nonni e zii. Nessun segnale della tragedia incombente fu da me decifrato.
E mi trovai, smarrita, nell'abbraccio caldo della folla che mi portava il suo compianto e che mi lasciava la concreta glaciale sensazione di essere entrata in un tunnel cieco.
Ingoiavo impietrita le lacrime senza mostrarle, asciugate dallo stupore e da pensieri che stentavano a prendere forma.

Pensai a mio padre, al suo smarrimento, alla sua felicità negata e all'immenso amore perduto…
E d'improvviso mi resi conto che era il mio domani
senza mia madre a non avere più forma.

Dovunque tu sia, respiro il tuo profumo… Mamma!

Pierluigi Rizzo

Maria Romeo

TRATTO DA: QUADERNO SEMI-SERIO SULL'ARTE

HO RUBATO LA LUNA

Wruumm!!

Ho tirato il filo invisibile nel cielo stellato ed ho rubato la luna...

"sotto gli occhi di tutti".

Corro nelle galassie

e le matasse si avvolgono sulle rotelle depositando semi.

Una stella esplode in un boato.

E' il cuore che batte sull'isola felice mentre porto il mio giocattolo

nel nascondiglio dei giochi segreti

dove ancora tiro fili per rubare sogni...

IL GENERALE ED IL SOLDATINO

Signor generale...

non fare il cretino!

I soldatini sono allineati con le batterie.

Whee!

Non storcere il naso...

ho solo aggiunto 5 stelline all'armamentario del tuo magazzino.

Non ho mica dimenticato come

sgattaiolavi anche tu nello scantinato e ti nascondevi

come un cretino!

Non è che non lo so che te la facevi sotto...

quindi non darti tante arie.

Onofrio Sommario

Vive a Paludi (CS)
Lavora presso istituto comprensivo A. Amarelli

Buongiorno all'olivo

Buon giorno, dico a voi, sono qua su,
Scusate l'intrusione, tiratemi giù!
Germoglio a marzo e fiorisco ad aprile
Di polvere gialla impratto il cortile.
Il mio fiore è di color bianco pastello.
Rami intrecciati accolgo nidi d'uccello.
Sono sapiente e rappresento la pace
Con la potatura do calore e luce.
Quando son pronto di maturazione
Inizia il processo di determinazione.
Un po' di lavoro sacrificato richiede
Un po' piegato, un po' all'impiedi.
Finisco in qualsiasi contenitore,
Per la gioia infinita dell'agricoltore.
Mi avvicino e sento rumore, un frastuono,
Sarà la meta dove tutto mi dono.
Un intreccio di macchine operai a lavoro
Per estrarre dal nocciolo il giallo oro.
La griglia sopra la brace rovente
Rosola il pane, lo rende croccante.
Poi un filino ne metti dell'olio
Appena uscito dal ramo al frantoio.
Il profumo invade lo stabilimento
Rimuove i sensi di corpo e di mente.
È ora necessita la raccomandazione.
Proteggimi da ogni perfida azione.
Sembra che la storia sia finita?
No, mai guerre, amate la vita.

Sognare la pace

Il mattino mi sveglia
il desiderio di abbracciarla,
per poi renderla materia....
Plasmarla, come farebbe un bravo artista.
Elogiarla, come farebbe Cicerone.
arso di raccontarne le gesta.
Sospiri di speranze e meraviglie,
aleggiano nei giardini vogliosi
di germogliare vita.
Sommario Onofrio

Sordi

A chi rimane sordo al grido umano.
A chi ignora il quieto vivere
A chi gioisce sul dolore altrui,
Nelle loro menti pullula delusione:
sgomento di sconfitte,
fallimento, marasma, fame,
Grida di fanciulli disperati
Sembrano produrre un film d'azione
eppure non è cinema;
sono scintille che brillano il cielo
come fuochi pirotecnici.
Sollevano polvere di sangue puro
Cancellano i colori dell'arcobaleno.
Cedono il posto al grigio infernale
Ritraggono un mondo ostile,
Schivo, avido di pace, l'occidente ....
tesse nel suo telaio disegni sguainati
su trame di fellonie guerre contrastanti,
nel fetore del denaro corrotto.

24 luglio

Un brivido ha sommerso la mia quiete,
ha traboccato di rabbia il cuore.
Non c'è acqua che spegne questa sete,
per non aver condiviso il dolore...
E nulla ho saputo intuire,
per evitare lo strazio che hai subito.
Non ho avuto il tempo di capire,
le membra del corpo con le tue son sparite.
Perdona la mia fragile presenza,
ora, ovunque cercherò la tua essenza.
Ascolterò quei silenzi blandi,
seguirò il tuo cammino, mai ignaro,
come facevamo in vita, con lo sguardo.
Comprensibile e a me tanto caro.
Sommario Onofrio

Mario Pino Toscano

Mario Pino Toscano è un poeta italiano con i suoi versi freschi e morbidi come il sussurro di un tenero ruscello, con acque limpide, versi cristallini, canta d'amore, di famiglia, di natura. Nato a Rossano vive a Roma. "L'anima con la penna in mano" e "Farfalle" sono i suoi due libri di poesie editi da Gambini Editore

E amerò la vita.

Io ci sono quando
c'è una rosa per il mio compleanno.

Io ci sono
quando alla sera ceni
e dormi sul divano.

Io ci sono
nella monotonia dei giorni.

Io ci sono
quando pensi
che sono sempre lì,
pronta ad assecondare
i tuoi repentini, metodici gesti d'amore.

Io ci sono
quando il silenzio
prende il sopravvento.

Sei tornato a casa...
non c'ero...

Il treno della vita
tutta scontata,
delle emozioni
giornaliere mancate,
di quell'amore sognato
e svanito,
fatto delle tue coccole, delle tue attenzioni,
dei tuoi baci rubati
al tempo ,le tue carezze improvvise,amore promesso, disperso.

Quel treno
mi ha portato via,
ora il vento accarezza
i miei capelli,
sarò una donna libera
e amerò la vita.

Frida

Versi del poeta
intrisi di pianto
cantano di triste adolescenza,
di corpo dilaniato
di giovane fanciulla,
di anima bella e viva,
di sogni e realtà,
di ombre e di luce,
di un mondo che appare
e scompare,
di amore passionale,
di amore tradito.

Nudo corpo a sfidare l'epoca ingrata,
abusi domestici,
madre mancata.

Aneliti di libertà,
indomita ribelle,
spirito combattivo,
grida di giustizia sociale, risonante è il silenzio.

Tele di sofferenza e dolore,
vivaci colori,
donne libere,
mai più sole.

Magica luna

Guarda le disse,
vieni a vedere
quanta è bella stasera
la Luna.

Le prese la mano,
la cinse a se,insieme,
alzarono gli occhi
verso il cielo.

Come per magia,
diventasti ancora
più luminosa,i loro desideri,
i pensieri più profondi,
più intimi,
ti avevano raggiunta.

Complice,
come sai essere
solo tu,hai fatto tuo
quell'attimo d'amore,
hai dato luce ai loro cuori.

Dall'amore aspettati amore
Dai baci aspettati baci
Dagli occhi aspettati sguardi
Dalla passione aspettati gioia
Non aspettarti la vita
Quella è un'altra cosa

Amarti ancora

Appagati d'amore
non lo siamo mai,
cercatori di pepite
nel fiume dell'anima,
l'amore si nasconde
dietro vette inesplorate,
le vele sognano
orizzonti sconosciuti,
ti guardo, ora ascolto
i silenzi del tuo corpo
e non posso fare a meno
di amarti ancora.

Maurizio Traversari

Traversari Maurizio è nato a Caloveto (CS) nel 1973, dove vive attualmente. Docente si Lettere negli Istituti Tecnici ha scritto un saggio su Dante (*Inf. XIII, fra tradizione critica italiana e Roman de la rose*) per la rivista STUDI DANTESCHI (Firenze, Le lettere, 2005). Ha scritto un romanzo, *Solcare la polvere*, Villanova di Guidonia, Aletti editore, 2018 e un saggio di storia locale: *Breve storia di Caloveto*, pubblicato sul sito: Il mio libro.it GEDI Editore S.P.A, 2018. Nel 2014 ha pubblicato l'opuscolo, *Non c'è 'Trucco' senza inganno*, Il mio libro.it, Gruppo editoriale L'Espresso S.P.A.

Cchi bbinu stannu.

"Giuvannu a ra casa avie na mujjera e due vutte e vinu. A mujjera passave ru vernu e parie mejjata, u vinu, invece, u vernu 'u nnu passave maji.

I primi tempi, quannu i fijji eranu partuti, nente cunsulave a povera za Carmela, e, *tra* nu malanova e na*tr*u, jije sempre a ra missa e aiutave ru previtu chi li chiedije sempre notizze e zu Giuvannu. Za Carmela, quannu avie de rišpunnare, chjicave ra capa e chjurie l'occhji, chilla malatia e ru maritu 'u nnere riuscita mai a ra sanare. Poi, chjanu chjanu, cominciave a santa jurnata: a missa a re sette, a comunione a ri malati, a missa 'cantata', a missa ppe' ri malati, a missa ppe' l'anime e ru purgatoriu, a missa e ra sira, a santa novena. Po, quannu li venie l'affannu, pregave ra maronna e, ccure cummare, ricie ru rosariu: Maronna e ru Petturutu, Maronna e Loreto, Maronna e ru monte carmelo, Maronna e Lourdes, Maronna e fatima, maronna e ru sacro cuore, maronna del divino amore.

Puru zu giuvannu, ogni tantu, chjamave 'ncuna maronna; a dire a verità, quannu a jurnata ere storta, na chjamave jju de una, po' si muzzicave ra lingua e ru ricie ara mujjera ca, scunsulata, s'arraggiave: potije essere a siccità, potije essere na malannata, u ciucciu ciuncu o 'ncunu cotrarellu cu 'nnu facie ddormare. Zu giuvannu, quannu avie ri cinque minuti, ricie nu rosariu cu sapie sulu illu. Sulu nu bbicheru e vinu u potie carmare, e stannu po avie fattu nu vinu ch'ere na bellezza; allura s'assettave a ra seggia, si portave ru biccheru avanti l'occhji e ru merave: "chissu asciutte ri sururi" pensave.
Prima 'nsapurave janu janu, po, cittu cittu, ci facie na tirata.. "aaaahhh! Chi bellezza".

Quannu si ricojjie de fatigare, e macaru c'ere 'ncunu cumparu chi l'accumpagnave, i sururi culavanu, allura ppe t'asciuttare i sururi ci volie 'nnatra 'ntije e vinu. Za Carmela, quannu virie ca Giuvannu si ricojjije cu ru cumparu, già u merave de stortu. U cumparu, c'avie bbistu a za Carmela ccura luna storta, u merave jju storte e ra cummara: avie fattu sa fatiga ppe nente, e l'arsuru 'unn'ere arsuru e acqua.
"'U facimu scherzi cca, cumpà," ricie 'ntra capa sua.
Za Carmela allura capiscie ra sonata, pijave nu litru e vinu e duvi biccheri, merave torna u maritu e stortu, e s'abbicinave a ra bbanca. Zu Giuvannu, prim'e mintare i bicchieri subba a bbanca, ricie a ra mujjera:
"Porta cuna cosicella ppe špizzuliare"
U cumparu sgallarizzave l'ochji, ma c'avie de fare a parta.
"E mmo va trovannu, lassa stare a cummara"
"Cchi dici!!, rišpunnie zu Giuvannu, a vistu sacchi vacanti stare all'imperi"

"Nu muzzicunu già l'avie pijatu stamatina" continuave a ddire u cumparu, e c'avie de fare a parta.

Zu Giuvannu ririe
"Me ca tu ti mangi pure e pe*tr*e, – ricie – e po na*tr*u muzzicunu tu piji mo e ccussi facimu ruvi"
"Teni a capa tosta, cumpà"
"No, tegnu u stomacu vacantu"

I li*tr*i e vinu, ppe accumpagnare a zu Giuvannu, eranu riventati ruvi e ru cumparu, šuspirannu, s'ere abbicinatu a ra bbanca. E c'avie de fare, parie bruttu su provave nente. Za Carmela, allura, e lassave jjire, chjurie ra porta e ra cucina e s'inne jije dolenta duve u cumparu a ra putiga. E sapije illa tutti i guai. Appena u virie li ricie:
  "Runame na mbajjatella e vinu ca maritima si ci sprajje ri labbri".
U putigaru, c'a male canuscie, sapie ca u maritu ere malatu e vinu 'un na potie bbivare. Allura, quannu a virie, storcie ru mussu e si risturbave; a merave arraggiatu cume ppe ddire: "puru oje!!". Illa, però, ere franchina e, puru s'avie rirutu, a chillu mumentu facie ra faccia rolenta. Si pijave ru vinu cumu si s'avisse pijatu na mericina, e sinna jije senza rire nente. U putigaru allura li ricie:
"Za Carmè, c'ame scrivare oje"
Za Carmela facie finta e un'avire capitu, po, quannu arrivave a ra porta, li ricie:
"šcriva sarsa".
U putigaru allura sbruffave torna:
"E ppe ru cuntu cumu facimu?".
Za Carmela 'un si mancu girave.
"Tu šcriva sempre sarsa ca po meramu. Ppe morare e ppe pagare c'è sempre tempu"
"L'amu fatta bbona ccu ttia" rišpunnie ru putigaru "Sordi 'u nna porti, e pagare 'u mmi vo pagare, ma u vinu tu frichi e cumu"
"Te rittu ca maritima si ci'adde sprajjare i labbri" ricie za Carmela arraggiata.
"I labbri!! " rišpunnie ru putigaru "Ccu chillu vinu ti cci sprajji puru… me.. me.. u mmi fare parrare. Comunque, riciale a marittita ca iju, ogne tantu, mi volisse sprajjare l'occhji ccu 'ncunu sordu"
"U vi'" ricie za Carmela ca cominciave a si minare "sempre i reggiati: chine è tene 'u nsinn'abbutte mai…"
"E chine 'u nne ttene" rišpunnie ru putigaru "s'abbutte de vinu"
Za Carmela allura u šcungiurave.
"Statte bbonu, putigà. Ca po' ni virimu."
"Sì sì!, ni virimu si porti 'ncunu sordu, si no è mejju si tinna sta a ra casa"

Luigi Visciglia

Forte credente nei valori di libertà e di uguaglianza sociale, in una società dove la libertà consiste anzitutto nel rispetto di quella altrui. Luigi Visciglia è nato a Corigliano Calabro il 19 gennaio del 1956. Ha lavorato come agente pubblicitario per la società che stampa gli elenchi telefonici e le pagine gialle. E' autore di numerosi scritti che rappresentano il frutto di un'acuta osservazione degli uomini e della società contemporanea. Nel 2010 ha pubblicato una raccolta di pensieri dal titolo "Un attimo di libertà" ricevendo, sempre nello stesso anno, una menzione speciale nella sezione "Poesia adulti" del Premio "Luce dell'Arte" di Roma, con la poesia dal titolo " Invocazione ". Nel 2018, poi, ha dato alle stampe il suo secondo libro, "Morte della democrazia". Ha inoltre pubblicato i suoi componimenti sulle riviste Cor Bonum, Il Crati, L'Opinione, Il Corriere della Sibaritide, Il Nuovo Corriere della Sibaritide, Jonipress, nonché sui blog locali di CoriglianoCalabro.it, CoriglianoInforma.it e InfoSibari.it. Ha aderito ai gruppi Letterari: Amici Poeti, Poeti di Strada e Il Solco.

U munni ghè mbrugghjieti
19 Ottobre 2020

Avissa visti a Giugni nivicheri e
supru u meri ligheri a nivicheta ?.
Avissa visti lupi picureri e
gurpi guardijieni i ri gallini ?.
Avissa visti puorchi jardineri,
ccà ccù ru mussi chjiantini qualima ?.
Avissa visti metiri o simineri
nu zinchiri i ntra nu capi di lu reni ?.
Avissa visti fimmini piscieri mbacci u muri
e masculi piscieri cuntra vienti ?.
Avissa visti petri vattijieri fighji e
ra l'amante chjiameri cummera ?.
Avissa visti ronni mariteti
Chi tenini i ntru cori u nnammureti ?.
Ghjia tanni mi firi i tia bella mia,
quanni l'acqua i ru meri riventa ducia.
Si muori e torni a nasciri a chistu munni,
giuri ! I nù mi nnammureri cchjiù i sti ronni,
pirchi' ?
Vuva ronni siti trarituri ri l'amuri,
ccà vuliti u mariti e pinzeti a cienti nnammureti.

94

A canzonella a ra livressa
30 Agosto 2020

Sacci na canzunella a ra livressa
e a ra livressa a vuoghji canteri.

Mi ghezi na ruminica matina,
mi pijia a faucia e bbei a simineri.

Viri nù ciucci supra nu ciresi
cà ccù ra cura parrameva nuci.

Viri nù ciunchi chi mitia lini
e netri senza meni c'ajuteva.

Viri nù cicheti cà a guardia facija
e nù surdi i ri lunteni ntriguleva.

Viri na troppa carrica ri piri,
mi cheli nterra e cuoji rua vajieni;
arranca ru patruni i ri la chjiusa:
oih latri ! Pirchi m'arruobbi i ciresi ?

Ma jitteta na petra i limarri
cà mè chjiaveta a ru garruni (carcagno),
e mà fatti ghesciri u sanghi i ru nesi.

U n'abbastavini pizzulli e mpirmieri
ppi m'attagneri u sanghi i ru vrazzi.

A fimmina i ru tileri
(Ghè nnà nnuminagghjia.chi ghè ?)
5 Settembre 2020

Sugni assitteti ravanti a stù tileri
e tiessi: cuperti, linzuoli, tuvaghji e sirbbietti.
U sruosci i ru tileri ghè nà musica
e ghjia fatighi, picuniji e canti:
oih Zuzunculi!

Vieni ti curca ccù mia ccà sugni sula.
Vieni priesti, priesti e nu' tarderi
ccà mi vuoghji scialeri e ripuseri.

Buonivinuti don Giorgiulu mia,
pighjiti a seggia e assettiti ntuorni,
ccà cumi finisci stà gunucchjieta
ni facimi na bbella abbrazzeta,
Nà spoghjia tu e nautra ghjia,
jemi ni curchemi don Giorgiulu mia,
oih !
Cchi gusti e cchi ricriji
quanni saccucchjini pili ccù pili.

Chjova e fà friddi,
un canta ru galli,ma scuotula ri pinni,
ricimi bbonanotti e jiemininni.

A fimmina mariteta
Cumi ghè furtuneta chilla fimmina mariteta,
puri si fa cauri,
su né a ra sireta, ghè a ra matineta.

A fimmina senza amuri
2 Agosto 2020

A jumera chi runa g'acqua a dua vallunii,
u nni ppò feri nu jiumi currenti.

A fimmina ccù bbò bbeni a ru mariti,
chi bbeni ni'po' aviri u nnammureti.

Murmurijini citti, citti a ru vicinanzi,
i fimmini e ri cummarelli, criticheni e dcini :
su nnà bbuluti bbeni a ru mariti,
po' bbuliri bbeni a runnammureti ?
Cummà carbi, u ritti antica ricijia:

A fimmina !
Ccà pruveti rua cazzilli,
u l'abbasta nù reggimenti i surdeti.

I rifrisca popuili ! Oh t'arramini, oh ti tingini,
oh ti caccini a vintura.

Chini a lietti i ri putteni s'addurmenta,
priesti li cci pia ra quartera.

Ghilla rimena cumi Margarita,
senza mariti e senza nnammureti.

Cumi a chilli cavalli i carrozza,
chi feni bbona giuvinturna
e mala vicchjizza.

INDICE

Patrizia Arcidiacone   3
Graziella Barbieri   8
Margherita Biondi Belgrado   13
Angela Campana   18
Milena Crupi   23
Patrizia Crupi   28
Nilo Domanico   33
Aldo Fusaro   37
Giuseppina Irene Groccia   42
Giacomo Lauricella   47
Ornella Mamone Capria   52
Marcella Pecorari   57
Ida Proto   59
Marinella Pucci   64
Norella Pujia   68
Pierluigi Rizzo   73
Maria Romeo   78
Onofrio Sommario   80
Mario Pino Toscano   85
Maurizio Traversari   90
Luigi Visciglia   93

Printed in Great Britain
by Amazon

37768703R00056